LE VOYAGE
DE NORMANDIE
PAR LES BATELETS.
POEME HEROÏ-COMIQUE
EN TROIS CHANTS.

A MAHON,
Et se trouve
A PARIS,
Chez CELLOT, Imprimeur, rue Dauphine.

M. DCC. LXIX.

PRÉFACE.

Tout ouvrage a fa préface, l'*in*-16 comme l'*in-folio*. Faifons-en donc une, pour nous conformer à la mode : mais elle ne groffira pas le volume.

« Pourquoi faire imprimer *cela*, me dit un jour un perfonnage affez grave, & qui ne rit volontiers que de fes plaifanteries ? « ce n'eft-là *qu'un ouvrage de fociété*, une bouffonnerie qui ne peut plaire tout au plus qu'à vos amis, ou à ceux que vous avez vus en Normandie ».

Cela peut être, lui répondis-je. Ce n'eft certainement point la fureur d'être imprimé qui me faifit, puifque je ne me nommerai pas. Mais tous mes amis m'en demandent des copies ; comme l'ouvrage eft un peu long, mes occupations ne me permettent pas de les fatisfaire : il eft bien plus court de le faire imprimer ; & il faut efpérer que le public charitable me dédommagera des frais de l'impreffion.

« A la bonne heure, répliqua mon Ariftarque au refte, il y a tant de *miferes* qui paffent, celle-là fera peut-être auffi heureufe ».

Je le fouhaite, & j'en défefpere. Mais voilà, foi d'auteur, la raifon qui m'a déterminé à livrer cet ouvrage à l'impreffion. Dans le principe je ne voulus faire qu'une épître ou relation burlefque de mon voyage : mais les événemens fe font multipliés, & la matiere s'étant trop étendue pour une épître, j'ai eu la témérité de le divifer en chants & d'en faire un *poëme*. Au surplus que ce grand nom ne paroisse pas extraordinaire, il se donne à tout morceau de poésie en général, héroïque ou burlesque : le Lutrin est un poëme aussi bien que la Henriade.

« Mais, ajouta notre censeur, pourquoi n'avez-vous pas mis *cela* en prose & en vers, comme Chapelle & les autres voyageurs ? Vos détails en auroient peut-être été moins froids, vos transitions plus heureuses & vos descriptions plus saillantes ».

Je conviens que cela étoit bien plus commode pour ces Messieurs, & lorsque quelque chose les embarrassoit, ils avoient bien moins de peine à la rendre en prose qu'en vers. Mais quoique j'aie pour modele la fameuse *Odyssée* de Robé, qui a été assez favorablement accueillie, j'avouerai naturellement que l'idée ne m'en est pas venue, parce que mon premier plan étoit de faire une épître, & non un poëme. D'ailleurs je crois que des vers burlesques, tout mauvais qu'ils soient, rendent plus supportables que la prose des détails déja assez peu intéressans par eux-mêmes.

Au reste, qu'on ne pense pas que je veuille par cette observation excuser les négligences qui se rencontrent dans cet ouvrage. Je sais qu'on n'est jamais excusable à cet égard ; & si j'attends quelqu'indulgence de mes lecteurs, ce ne sera que de ceux qui voudront bien se rappeller que c'est un poëme fait sur la litiere d'un batelet, ou en trottant sur une mazette.

LE VOYAGE DE NORMANDIE PAR LES BATELETS.

POEME HEROÏ-COMIQUE EN TROIS CHANTS.

CHANT PREMIER.

Puisqu'on peut tout chanter, je veux chanter aussi
    La galiote de Poissy,
    Les batelets & les mazettes,
Qui dans moins de deux jours, toutes dépenses faites,
De Paris à Rouen conduisent pour six francs.
    « Alte-là, rimeur téméraire,
    Dira peut-être un critique severe ;
    » Le beau projet ! Quoi tu prétends,
    » Singe mal-adroit de Chapelle (1),
    » Chanter sur ta rude écrecelle
    » Les grotesques événemens

(1) Chapelle fit en société avec Bachaumont son ami, le fameux voyage en Guyenne & en Provence, qui fit dans le tems leur réputation.

» De ton voyage en Normandie ?

Hé, monsieur le censeur, point d'aigreur, je vous prie.
   Ne croyez pas que j'aye succombé
     Au desir, à la folle envie
  D'assimiler à cet heureux génie,
   A Bachaumont, à Lefranc (1), à Robé (2),
  De mon cerveau l'indiscrette manie.
Il est vrai, je n'ai point à chanter dans mes vers
Vaucluse (3), & le Lignon, ni les bords de la Loire :
Comme eux je n'aurai point à chercher dans l'histoire
    Des faits connus de l'univers.
    Cependant je peux, *quoi qu'on die* (4),
    Trouver dans l'humide Neustrie (5)
    Des châteaux, des bourgs, des cités,
Des fleuves & des ports dignes d'être vantés.
  Province illustre & féconde en grands hommes,
    Si je ne puis chanter tes vins,
    Au moins je chanterai tes pommes.
    Si sur toi le dieu des raisins
  N'a pas versé sa bénigne influence,
Mercure avec usure a vengé tes destins
    En t'accordant le don de sapience (6).

---

(1) M. Lefranc de Pompignan a fait le voyage de Languedoc, qui contient des anecdotes & des descriptions très-agréables.

(2) Auteur d'un voyage sur les bords de la Loire, qu'il a intitulé : mon Odyssée ; ouvrage où l'on a reconnu le pinceau mâle de ce poète dans les peintures même les plus gracieuses.

(3) Tous les poètes ont célébré la fontaine de Vaucluse & les bords fleuris du Lignon.

(4) Allusion au *quoi qu'on die* des Femmes savantes de Molière.

(5) Ancien nom de la Normandie avant que les Normands s'en fussent emparés.

(6) La Normandie a toujours été appellée le pays de l'epice ou de chicane, sans doute par la disposition litigieuse qui de tout tems a distingué ses habitans. On les supplie au reste de ne pas se formaliser si

Mais c'en est assez : revenons,
Comme dit l'autre, à nos moutons,
C'est-à-dire, à notre voyage.
Ce fut le jour de saint Michel,
Jour renommé, (qu'un vieil adage,
Que les femmes trouvent sans sel (1),
Des hommes dit être la fête,)
Que de partir nous nous mîmes en tête.
Tout étant prêt pour le départ,
Porte-manteau, pacquets & malle,
Dans une lourde chaise, à sept heures moins quart,
Avec Aglaé (2) je m'emballe.
Bientôt nous eûmes apperçu
Nanterre, où de Paris la célebre patrone,
Du bon Germain à dix ans a reçu
De la virginité la fragile couronne (3).
De-là nous vîmes en passant
Cette machine (4), unique sur la terre,
Où dans mille canaux la Seine jaillissant
Porte à la cour des rois son onde tributaire (5).

l'auteur leur a donné Mercure pour protecteur, parce que, s'il étoit parmi les anciens le dieu des voleurs, il étoit aussi le dieu des sciences & des arts, qu'ils ont toujours cultivés avec succès.

(1) Des gens de mauvaise humeur prétendront que les femmes ne seront pas seules : mais on les prie de se rappeller le titre de l'ouvrage. S'il eût été sérieux, on ne se seroit pas permis de pareils traits.

(2) Nom que l'auteur donne à sa femme, compagne de ses aventures, pour ne pas répéter ce mot de *femme*, devenu trop bourgeois.

(3) Sainte Genevieve naquit dans le village de Nanterre, & elle y reçut le voile de la virginité des mains de saint Germain, évêque.

(4) La machine de Marly. Louis XIV ayant dit au charpentier qui l'avoit inventée & fabriquée : c'est donc toi qui as fait cela ? Cet homme grossier lui répondit : Eh qui donc l'auroit fait, not' chat ?

(5) L'auteur croit avoir vu ce vers quelque part : mais il déclare qu'il renonce à tout droit de paternité, si par hasard quelqu'un le revendiquoit.

4 LE VOYAGE DE NORMANDIE

Enfin nous grimpâmes grand train
La montagne de Saint-Germain,
Que l'art a de nos jours su rendre praticable.
Saint-Germain, lieu charmant, où l'œil dans le lointain
Parcourt avec transport une plaine agréable.
 Par quel étrange & bisare destin
  Un grand monarque (1), aux mortels formidable,
Craignit-t-il d'habiter tes superbes remparts,
 Parce qu'au loin le séjour redoutable,
Où repose des rois la cendre respectable,
  Venoit effrayer ses regards ?
  On raconte tout au contraire,
  Qu'une princesse souhaita
  D'avoir un pied sur le parterre,
Et l'autre sur les tours où la Vierge on révere.
 Un courtisan, dit-on, en plaisanta,
  Et lui dit d'un air de mystere :
« Le ciel seroit beau, Madame, à Nanterre (2) ».
  « Hé bien, arrêtons-nous ici,
 Cria le cocher d'un ton aigre ?
  » Il faut arriver à Poissy,
 » Ce n'est pas aujourd'hui jour maigre ;
  » Je veux me graisser les boyaux ».
  Il dit : bientôt d'un pas alegre
Il te gagne, ô Poissy, pays des aloyaux.

(1) On a dit que Louis XIV ne voulut pas habiter Saint-Germain, ni l'embellir, parce qu'il voyoit, des fenêtres du château, l'abbaye de Saint-Denis, où sont les tombeaux de nos rois.
(2) L'anecdote a été certifiée à l'auteur, qui n'a pas cru devoir désigner les noms. La princesse, enthousiasmée de la beauté de la perspective, ayant dit qu'elle voudroit avoir une jambe sur la terrasse de Saint-Germain & l'autre sur les tours Notre-Dame (à Paris), le duc de*** lui répliqua aussi-tôt : Madame, le ciel seroit beau à Nanterre.

PAR LES BATELETS. *Chant I.*

Poissy, jadis fameux par le colloque (1)
   Où nos docteurs, des huguenots
   Mirent les argumens en loque ;
Plus fameux aujourd'hui par les bœufs & taureaux
Que du fond de la France on amene à la file,
   Pour nourrir Paris la grand' ville.
C'est là, fleuve charmant, que tes errantes eaux,
Après avoir baigné Saint-Denis & Pontoise
   Célebre par dame Françoise (2),
   Prennent un cours moins tortueux.
C'est aussi là, parmi les flots tumultueux
   D'une insolente populace,
Que dans la galiote il fallut prendre place.
Avant d'aller plus loin, il faut que je te fasse,
   Cher lecteur, la description
   Du bateau qui porte ce nom.
   Sans te parler de sa figure
   Oblongue & de lourde façon,
   On lit dans la sainte écriture
   Que Noé dans l'arche serra
   Des animaux d'espece impure,
   Et bêtes de toute nature.
   On dit que l'arche demeura
   Sur un haut mont de l'Arabie :
Mais à Poissy je crois qu'elle amarra,
Car d'animaux elle est toujours remplie.

(1) Le colloque tenu à Poissy sous Henri III, entre les catholiques & les ministres calvinistes.
(2) Tout le monde connoît la chanson :
Adieu donc, dame Françoise,
Pour qui j'ai tant soupiré :
Je m'en vas désespéré.
Le poulailler de Pontoise, &c.

Peins-toi d'abord un amas d'ouvriers,
De la ville & des champs le rebut & la lie,
Maçons, tailleurs & charpentiers,
Gens brutaux, rustres & grossiers.
De ce côté, de nourrices un groupe,
Au nez des spectateurs torchant leurs merdaillons (1):
Ici, des mendians tout couverts de haillons.
Plus loin, de soldats une troupe,
Blasphémant Dieu, Notre-Dame & les Saints;
Mais sur-tout offensant les pudiques oreilles
Par leurs propos grivois & couplets libertins.
Plus haut, les bateliers répondant à merveilles,
Et leur faisant chorus en honnêtes marins.
Auprès d'eux, vois un maître ivrogne,
Aux yeux brillans, à rouge trogne,
Restituant avec profusion
Ce qu'il a pris de trop pour sa réfection.
Vois-tu ce capucin marmotant son breviaire,
Tandis qu'en tapinois il lorgne ce tendron?
Enfin la grosse bateliere,
De tous côtés ramassant son salaire,
Et pour accélérer lâchant plus d'un juron.
C'est dans cette auguste assemblée,
Qu'Aglaé tremblante & troublée
Parut comme un astre éclatant,
Et sur un ais épais s'assit en rougissant.
Juge de son inquiétude,

---

(1) Des personnes délicates ont prétendu que ce vers blessoit l'odorat, ainsi que quelques autres dans l'ouvrage à peu près du même goût. Mais outre qu'un vieux proverbe dit que *paroles ne puent point*, l'auteur a cru devoir se servir des termes consacrés par la langue dans ces tableaux de la simple nature. Au reste, ceux qui ont eu l'avantage de voyager par la galiote, reconnoîtront qu'il n'y a rien d'exagéré dans cette description.

Combien elle invoqua les saints du paradis ;
 Vouant un cierge à la bonne Gertrude,
A sainte Petronille, à chaque vierge prude
 Qui s'intéresse à l'honneur des maris.
Malgré ses oremus, ses soupirs & ses cris,
Il fallut endurer un supplice aussi rude
  Un jour entier, sans débrider.
  Que faire en pareille occurence
Pour ne pas s'ennuyer, & quelle contenance
  Est-il possible de garder ?
  Les plus apparens de la bande
Se rapprochent de nous : l'un en baillant demande
 Quel tems il fait ? —— Il semble que le vent
S'est abaissé. — Pas trop, dit un autre en grondant :
  Nous aurons encor de la pluie ;
 Car, grace au ciel, on ne peut espérer
Que d'un jour de beau tems Dieu nous veuille honorer.
— Mais, reprit un Prieur, qui de la compagnie
N'étoit pas le plus maigre, & dont le teint fleuri
N'annonçoit pas non plus qu'il fût le moins nourri,
Contre la Providence à tort on se récrie :
  On a vu des tems plus mauvais ;
  Et du Seigneur si le courroux s'appaise,
  A nos péchés il fera grace. —— Mais
  Vous en parlez bien à votre aise,
Monsieur l'abbé : vous ne craindrez jamais,
A mon avis, la commune misère ;
Car vos pareils ne s'en ressentent guere.
— Mais, Monsieur, vers le ciel nous dirigeons nos vœux ;
  Nous ne pouvons, je crois, mieux faire.
— Eh morbleu, priez moins & soyez généreux :

A iv

L'aumône est, entre nous, la meilleure priere.
Ceci soit dit sans vous déplaire,
Au moins, notre aimable pasteur.
Le brouhaha que fit l'honorable assistance
Au nez de monsieur le Prieur,
Le trouble & le décontenance.
Pour se remettre il offre du tabac
A droite, à gauche, ouvre sa tabatiere :
Il tousse, crache, mouche, & change de matiere.
Le voyant hors des gonds & tout à fait à sac,
Aglaé, toujours charitable,
Propose un wist : il applaudit.

AGLAÉ.

Mais nous n'avons cartes ni table.

LE PRIEUR.

J'en ai deux jeux. (Quelqu'un de méchant auroit dit:
Sans doute, bon Prieur, c'est-là votre breviaire ?)

AGLAÉ.

Mais sur quoi joûrons nous ?

LE PRIEUR.

Et mais, sur vos genoux.

AGLAÉ.

Et qui sera mon parténaire ?

LE MARCHAND.

Ce sera moi, si vous le trouvez doux,
Dit un marchand, j'arrive d'Angleterre;
Je fais le jeu.

AGLAÉ.

Très-volontiers.
Allons, mettons-nous là. Les jeux sont-ils entiers ?

LE PRIEUR.

Sans doute. Vous ferez, s'il vous plaît, belle dame.

AGLAÉ.

Donnerai-je à la grecque ?
LE MARCHAND.
Oh, comme il vous plaira.
L'AUTEUR.
Voyons ce qu'il retournera ;
C'est le roi de careau.
LE MARCHAND.
Non, ce n'est que sa femme.
L'AUTEUR.
N'importe, c'est toujours un bel honneur.
LE PRIEUR.
Mais à propos, joûrons-nous à l'angloise,
Sans parler ?
L'AUTEUR.
Oh, ma foi, jouons à la françoise,
Et babillons d'autant.
LE PRIEUR.
Messieurs, je joûrai cœur.
(*On joue plusieurs tours.*)
LE MARCHAND.
Fort bien. Vous n'avez point d'honneur, je crois, Madame ?
AGLAÉ.
Comment l'entendez-vous, Monsieur ? J'ai bien la dame.
LE MARCHAND.
Tant mieux ; moi l'as & le valet,
Un trik & deux d'honneur font trois, & sept,
Gagné. Voici la premiere du robbe (1).

---

(1) Comme il y a quatre interlocuteurs, on a cru devoir désigner les noms comme dans une scene de comédie, pour éviter la confusion dans le dialogue.

La seconde partie à peine étoit en train,
  Lorsque le vent s'enfourna dans la robe
De notre dulcinée, & fit voler soudain
  Les cartes & le wist dans la riviere.
  De ce vent-là l'incivile maniere
  Nous déplut fort ; mais sans le gourmander,
Montant sur le tillac, des yeux nous parcourûmes
Les côteaux verdoyans que nous voyions border
Les rives de la Seine. Enfin nous apperçûmes
Mantes (1) s'enorgueillir de son superbe pont;
Ouvrage merveilleux, dont la noble structure
Des hyvers & des tems saura braver l'injure.
Rosny (2), je te salue. O nom, auguste nom,
  Qui rappelle à mon cœur le bonheur de la France !
Par quel coup du destin, abjurant ton patron,
Fais-tu donc aujourd'hui l'orgueil de la finance ?
Mais ainsi va le monde.... A huit heures du soir
  A Roboise nous abordâmes,
Où, si je m'en souviens, le tems étoit fort noir,
  La lune étant encor dans son dortoir.
    Tout aussi-tôt nous nous trouvâmes
    Assaillis par les mazetiers,
    Gens qui n'ont point d'autres métiers,
Que d'offrir aux passans chevaux ou haridelles,
  Le plus souvent sans brides & sans selles.
Alors à brasse-corps saisissant Aglaé,
  Je la juchai dessus une bourique,

---

(1) Mantes, surnommée la Jolie. Son nouveau pont est sur-tout remarquable par la hardiesse de ses arches.

(2) Le château de Rosny à deux lieux de Mantes, d'où l'immortel Baron de Rosny a tiré son nom.

De notre bon Sauveur monture pacifique,
   Et la fuivis modeſtement à pied
     Juſqu'à Bonniere, où nous foupâmes
  Plus mal que bien, avec des barbillons,
     Du vin d'apôtre & des oignons.
     Enſuite nous nous embarquâmes
     Vers minuit dans un batelet
     Avec un moine, un preſtolet,
     Un foldat point du tout novice,
Un marchand, un marmot avecque fa nourrice,
     Qui nous dit : « oh ne craignais rien,
» Jamais dans la nuit mon éfant (1) ne piſſe,
     » Et s'il avoit queuque petit befoin
     » Il m'appelleroit bel & bien.
     » Depuis quatre jours il n'a plus la f....
  Pour couper court à ce propre entretien,
     Gardez, lui dis-je, votre hiſtoire,
Bonne maman, demain vous nous l'acheverez.
     Cependant tous fur la paille vautrés
     Comme cochons ou veaux en foire,
     Chacun s'arrange & fe blotit
  Du mieux qu'il peut dans fon étroite place,
L'un rechignant, l'autre de bonne grace.
     Lors le nocher nous avertit,
     En nous difant d'une voix rauque :
Meſſieurs, j'allons prier le bon faint Nicolas
     Et fainte Marie-à-la-Coque (2),

---

(1) Les Normands prononcent ordinairement éfant pour enfant.

(2) L'auteur ne fe rappelle pas poſitivement fi le batelier invoqua fainte Marie-à-la-Coque, ou quelqu'autre faint ; mais dans le doute il a cru que cette fainte de nouvelle fabrique étoit bien digne d'être la patrone des batelets.

Pour qu'ils nous gardent des faux pas.
Tous ayant dit : *amen*, on souffle la chandelle,
Et chacun se dispose à faire son rolet ;
Le marchand à ronfler & cacher la prunelle,
 Le marmot à crier, le prestolet
  A chanter une ritournelle ;
 Le capucin tire son chapelet :
Le soldat à tâtons patine la nourrice,
 Qui lui crie : « oh finissais, grand jocrisse,
 » allez tâter vos poux, ou vous aurais,
  » Par ma fiquette, une torgnole.
  » Paix la maman, répond le drôle,
  » Vous n'oseriez.... Je n'oserois....
Enfin le différend s'appaise, & la chronique
 A prétendu que monsieur le soldat
  Avoit mis les pieds dans le plat.
  Moi, qui de charité me pique,
 Je n'en voulus rien croire en bon chrétien ;
  Ainsi je n'en dirai plus rien.

CHANT II.

Pendant qu'autour de moi chacun ou caufe, ou dort,
Entre les dents je m'avifai de dire :
« Hélas, quelle eft la rigueur de mon fort !
» A la paille il faut fe réduire,
» Ainfi que Job fur fon fumier !
» Faut-il donc tant fe récrier,
Me dit un de la bande ? « oh fans vous faire injure,
» Vous n'êtes pas, foyez fûr, le premier
» Qui voyage en cette voiture.
» Combien de braves officiers,
» Lorfqu'ils vont à Paris vuider leur maigre bourfe,
» Trouvent les batelets une grande reffource ?
» Combien y voyons-nous d'honnêtes chevaliers
» Avec la croix fur la paille étendus ?
» Combien d'importans moufquetaires,
» Trop heureux de pouvoir, pour un ou deux écus,
» Regagner leur manoir & leurs gentilhommieres !
» Combien de gros marchands bien chauffés, bien vêtus !
» Combien de houbereaux fortis de leurs chaumieres,
» Vont par les batelets en guêtre & feutre gris,
» Se montrer à la cour & trancher du marquis !
» Ainfi, confolez-vous, & ne pouvant mieux faire,
» Servez vous-en fans honte ni colere.
» Vous parlez d'or, lui répondis-je, mais
» Vos batelets, s'il faut le dire fans myftere,
» N'en font pas moins de fichus batelets (1).

(1) Allufion au f... fouper du gafcon.

Cependant nous voguons, & la rame agitée
Fait contre le vaisseau bondir l'onde irritée....
Mais de quel bruit au loin résonnent les échos?
Neptune courroucé *gourmande-t-il les flots?*
  Est-ce la Seine furieuse,
  Qui dans sa course impétueuse
  Dévaste les campagnes? Non,
Dit le nocher, c'est le pont de Vernon (1);
Vernon dont les biscuits sont par-tout si célebres.
  Célebres tant qu'il vous plaira,
  Lui dis-je, aucun de nous n'en tâtera,
  Je pense, vu les épaisses ténebres
  Que la nuit aux voiles funebres
  A répandu sur l'horison.
  Chacun dit que j'avois raison,
  Et cependant chacun se coule
Derechef sur la paille. Une heure ou deux après,
  De quatre du matin bien près,
Le batelier cria: terre, voilà le Roulle.
  Dieu soit loué, lui répondit
Sur le champ Aglaé, qui, crainte de surprise,
  Et de quelque noire entreprise
  Du capucin ou du malin esprit,
  Toute la nuit n'avoit rien dit.
  Aussi-tôt tous ont la puce à l'oreille,
  On tousse, on baille, on se réveille:
L'un crie: ouf mon épaule; & l'autre hay mon bras!
  L'un jure qu'il s'est démis la rotule;
  L'autre répond: & moi la clavicule.

(1) On passe pendant la nuit sous le pont de Vernon, où les arches sont dangereuses à cause de la rapidité de l'eau.

Enfin tous engourdis & las,
Nous débarquons. De-là nous entrons dans l'auberge,
Si l'on peut honorer de cet illustre nom,
Un repaire enfumé, caverne de larron,
Où, sur un ais pourri, l'image de la Vierge
Annonce aux voyageurs que le logis est bon,
Lorsqu'on y trouve à peine un malheureux oignon.
 Quoi qu'il en soit, encor toute endormie,
En cotte & sans corset, la servante Margot,
Pour réchauffer nos doigts nous allume un fagot.
  Puis d'un bon verre d'eau-de-vie
  Pour se ravigoter, la compagnie
   Se munit, moi tout le premier,
   Quoique du fait peu coutumier.
 Le capucin, avec beaucoup de grace,
En offre à ma moitié, qui fait une grimace,
Et l'avale en disant : ça gratte le gosier.
Pendant tous ces propos le peuple mazetier
Nous offre des chevaux, autour de nous s'empresse.
« Monsieur, le mien est le meilleur de tous.
» Monsieur, le mien jamais ne fit une bassesse.
» Monsieur, le mien a le pas le plus doux ».
 Enfin chacun & s'exalte & se vante.
Parmi tous ces petits-neveux de Rossinante,
Pour ma femme & pour moi je choisis les plus frais,
  Les meilleurs, ou plutôt les moins mauvais,
  A jambe torse & de maigre encolure.
Puis nouveau chevalier de la triste figure ;
Sans éperons ni botte, ayant au lieu d'armet
Mon bonnet sur la tête, & ma canne en arrêt.
 Fidele preux, je suis la haquenée

Qui d'un air conquérant portoit ma Dulcinée.
Bientôt au petit pas, fans mot dire, à tâtons,
  En montagnards nous gravissons
   La côte (1), qui, semblable aux Pyrénées,
Qu'on dit être en tout tems de frimats couronnées,
  Nous fit craindre à chaque moment
  De cheoir assez vilainement
  Du haut en bas dans la riviere.
Mais au moyen d'une courte priere
  A Monseigneur de saint Julien (2),
 Au haut du mont nous parvenons enfin.
Intrépides alors sur la monture frêle,
Qui va comme le vent, tombe ainsi que la grêle,
  Nous trottons... Mais j'apperçois à la fin
  Que ce détail pourroit très-bien
 A mes lecteurs donner quelques nausées.
Ainsi, pour abréger, je ne leur dirai rien
  Sur le Vaudreuil (3), dont les champs Elisées (4)
Seront jaloux un jour, si son noble patron
  Veut d'un palais élevé par les fées
   Orner ce charmant horison.
Je ne parlerai point non plus du Pont-de-l'Arche;
  Car aussi bien dans notre marche
  N'y vîmes-nous église ni maison
Qui soit digne d'avoir dans mes vers une place;
  Si ce n'est peut-être le pont

---

(1) La côte ou montagne du Roulle très-escarpée, & assez ressemblante aux Pyrénées

(2) Lafontaine a garanti l'efficacité de l'oraison de saint Julien.

(3) Belle terre à M. le Président Portail. Le parc & les eaux sont admirables : mais il y manque un château.

(4) La délicieuse vallée du Vaudreuil peut sans emphase être comparée aux champs Elisées.

Qui sur les flots s'éleve avec audace.
Enfin nous voilà donc près du port Saint-Ouen,
D'où l'œil peut à loisir voir dans la perspective
Sotteville (1) fameux par sa crême, & Rouen.
Ah, criai-je, arrêtons notre marche hâtive.
Admirons un moment ce spectacle enchanteur.
Vois-tu dans le lointain ces campagnes riantes,
 Ces champs où l'heureux laboureur
Recueille avec transports ses moissons jaunissantes ?
Sur ces prés émaillés vois ces troupeaux nombreux,
Ce fleuve fortuné, ces innombrables isles
Qui s'élevent du sein de ses ondes tranquilles.
O Tempé, Tivoli, vos champs délicieux
 Séduisent moins & les cœurs & les yeux !
 Transporté, plein d'un noble enthousiasme,
 J'aurois jasé jusqu'à gagner un asme,
Si pour le déjeûner maint œuf frais préparé
De mon ravissement ne m'avoit pas tiré.
A peine descendus dedans l'hôtellerie,
Et nos œufs avalés, aussi-tôt on nous crie :
 « Voilà le batelet qui part,
 » Vous embarquerez-vous ? — Sans doute,
 » Partons, il se fait déja tard,
 » Et bravement achevons notre route ».
 Nous voici donc embarqués de nouveau
Pour la troisieme fois, mais au plus pour une heure
 Car le trajet, ou que je meure,
 N'est pas si long que de Rome à Congo.
 Nous saluons en passant Notre-Dame

---

(1) Village sur le bord de la Seine, qui fournit Rouen de crême estimée la meilleure de la Normandie.

B

Que l'on honore à Bonſecours (1),
A qui chaque pucelle ou femme
Pour devenir mere a recours.
Qui la croiroit d'humeur ſi charitable ?
De l'autre bord nous admirons le cours (2),
Où la marchande étalant ſes atours,
Le dimanche en été va faire l'agréable :
Où la conſeillere, aux beaux jours,
Va dans un poulailler de gothique attelage,
De minauder faire l'apprentiſſage.
Oh ! pour le coup nous abordons
Tout vis-à-vis de la porte aux Lions.

Mais je parlerai peu de cette ville illuſtre
Dont le pays Normand a tiré tant de luſtre.
Car qui ne connoît pas cette noble cité,
Dont par tout l'univers le nom eſt ſi vanté ?
Qui ne connoît ſon pont, & ſa patrouille,
Que le bourgeois lâche & mutin
Monte à regret & quitte du matin ?
Qui ne connoît ſon port, où plus d'un vaiſſeau mouille,
George d'Amboiſe (3) & monſieur ſaint Romain (4) ;
Son peuple furibond qui fort ſouvent ſe brouille
Et brûle les greniers en demandant du pain (5) :
Son fameux parlement, qui jamais ne ſe rouille
Sur les loix ni ſur le latin,
Et qui vous fait brancher haut & grand train

(1) La chapelle de Bonſecours, célebre par les fréquens pélerinages qu'y font toutes les femmes groſſes, ou qui ont envie de le devenir.
(2) La plus belle promenade de Rouen ſur le bord de la Seine.
(3) Nom d'une cloche d'énorme groſſeur que George d'Amboiſe, archevêque de Rouen, fit mettre dans la cathédrale.
(4) Archevêque & patron de Rouen.
(5) Alluſion aux dernieres émeutes occaſionnées par la cherté du pain.

Ceux que de larronner la paffion chatouille ?
Qui ne connoît la fierte (1), & fur-tout la gargouille (2)
 Que l'on promene à la proceffion,
  Qui du fang d'un lapin fe fouille
  Tous les ans à l'Afcenfion ?
Enfin pour mettre un terme à ces rimes en ouille,
 Qui ne connoît le bateau de la Bouille (3) ?

  Comme à Rouen notre féjour
  Heureufement fut de courte durée,
  Dans ce bateau d'antique renommée
Je voulus m'embarquer dès le troifieme jour.
En fortant de l'auberge, au bout d'un carrefour
J'apperçus fix quidams qu'on menoit dans la place
  Tous dans un même chariot,
Entouré d'alguafils & de la populace.
 Puis-je, Monfieur, dis-je au premier courtaut,
(Qui n'étoit, felon moi, ni benêt ni badaut
Comme ceux de Paris) par votre courtoifie,
  Savoir quel eft ce fpectacle nouveau ?
  N'eft-ce point là par hafard le boureau ?
  — Monfieur, on va jouer la comédie
  Au Vieux-Marché (4) : ce font-là les acteurs.

(1) Nom de la châffe de faint Romain. La ville de Rouen a le privilege de délivrer tous les ans à l'Afcenfion un criminel, & le prifonnier délivré eft obligé d'aller *lever la fierte*, c'eft-à-dire, porter la châffe fur fes épaules à la proceffion, depuis la prifon jufqu'à la cathédrale.

(2) On promene à la même proceffion la gargouille, efpece de monftre, dans la gueule duquel on met un lapin blanc, qui, après la proceffion, appartient à celui qui a porté la gargouille.

(3) Nom d'une baie très commode à quatre lieues de Rouen. Il y a une comédie intitulée : *le bateau de Bouille*, & un poëme intitulé : *le Voyage de la Bouille par mer & par terre*, que l'auteur n'a pas pu fe procurer.

(4) La place de Greve de Rouen.

B ij

— Ah, j'entends, ce font des voleurs.
— Monfieur, c'eft, s'il vous plaît, la fleur de la province.
Ce font d'illuftres bas Normands
Qui vont être pendus : d'ailleurs honnêtes gens.
On leur donne la hard pour un fujet bien mince,
Entre nous. Celui-ci que vous voyez là-bas
N'a pris, hélas, dans un pré qu'une longe !
— Un licol ! — Oui. — Mais vous n'y penfez pas.
— Oh, c'eft que le cheval au bout fervoit d'allonge.
— *Le pauvre homme !* — Cet autre gros & grand,
Dans un chemin n'a pris qu'une valife
Qui paroiffoit trop gêner un marchand.
L'autre auprès de lui, par méprife,
A pour le fien pris le fac d'un voifin ;
Il eft vrai que d'argent il étoit prefque plein.
— Et ce grand homme fec qui d'un air pitoyable
Embraffe fa moitié, vous feroit-il connu ?
— Ah, monfieur, c'eft un couple charitable
Qui, témoignant pour le premier venu,
Se fit de faux fermens un petit revenu.
— Mais donne-t-on fouvent ici pareille fcene ?
— Non, quatre fois feulement par femaine.
— Quatre fois ? — Oui : trouvez-vous ça beaucoup ?
— Mais toute la Province eft donc de cette graine ?
— Non pas, Monfieur, *il eft d'honnêtes gens par-tout* (1).
— Oh, je le crois ; mais fans leur faire injure
Le plus fûr eft toujours de n'être pas près d'eux...
Et fur le champ je rejoins ma voiture.
A la Bouille arrivés, une troupe de gueux,
Saififfant nos paquets, me demande : Monfieux,

(1) Réponfe ordinaire des Normands aux imputations qu'on leur fait fur la probité.

Où logez-vous ? Au cerf ? — L'auberge est-elle sûre
Et bonne ? — Oh j'en réponds. — Eh bien soit pour le cerf,
Quoique pour un mari ce soit mauvais augure.
En parcourant le soir ce lieu triste & desert,
J'y découvris pourtant une pouponne
Aux grands yeux bleus, mise sur le grand air,
A jambe fine, à taille très-mignone,
A qui j'aurois volontiers dit tout bas :
Dans l'fond d'mon cœur, belle brunette,
Je sens certain desir (1)... n'y consentez-vous pas ?
Mais comme j'ai par malheur fait l'emplette,
Ou par bonheur, d'un semblable bijou,
Je pris le parti tout d'un coup
D'y renoncer en homme sage.
Bien m'en prit, car le four ne chauffoit pas pour moi;
Et ce morceau friand est, dit-on, le partage,
Aux médisans si l'on ajoute foi,
D'un certain P.... qui pour avoir la fille
A pris la mere....Au reste elle est ma foi gentille,
Et maint autre à sa place en feroit bien autant.
Le lendemain, dès sept heures en selle,
Nous nous mettons, & de plus belle
Nous cheminons par un fort mauvais tems.
Autem, car le vent & la pluie
Jusques au Bourgachard nous firent compagnie ;

(1) Dans Gilles, garçon peintre, Cassandre dit à Man'selle Zirzabelle :

Dans l'fond d'mon cœur, la belle,
Je sens certain desir;
L'amour me fait, belle brunette,
L'amour me fait mourir.

B iij

Ce fut au point qu'Aglaé s'en fâcha,
S'imaginant avoir piffé dans fa chemife :
Mais pendant déjeûner un fagot nous fécha.
 De fon courroux quand elle fut remife,
  Nous fûmes voir la maifon & l'églife
   Des bons peres Bénédictins,
   Où l'on enferme d'ordinaire
  Les pafteurs dont le zele débonnaire,
S'empreffant à peupler le ciel de petits faints,
  D'une fille a fait une mere,
  On doit auffi remarquer dans ce lieu
La halle, où tous les ans, le jour de faint Mathieu,
  Se tient cette célebre foire,
Dont il eft tant parlé dans la Normande hiftoire.
 Foire Bourette eft, je penfe, fon nom :
 C'eft-là que tous les cocus du canton,
Sur-tout ceux de Rouen, vont tenir leur fynode,
  Pour ajouter quelques loix à leur code.
 Des plaifans même ont remarqué, dit-on,
Que fi mille cocus y viennent de la ville,
On en voit retourner toujours au moins deux mille.
  De ce miracle on donne pour raifon
  Que ces meffieurs n'y vont point fans leurs femmes,
   Et que ces charitables dames
  Du cocuage impofent le fleuron
A ceux qui n'en ont pas fait l'acquifition.
Mais ceci pourroit bien n'être que médifance ;
  Et je crois devoir par prudence
Ne pas pouffer plus loin cette digreffion.

CHANT III.

Jusqu'ici j'ai narré d'un style assez joyeux
    Ce qui m'advint dans mon voyage
    De risible ou malencontreux,
Et, ce semble, il devroit finir à cette page (1).
Mais l'amitié, l'hymen, s'offenseroient tous deux
    De voir déja cesser mon verbiage ;
Et ma reconnoissance à des mortels fameux
    Doit ici rendre un juste hommage.
Poursuis donc, Muse, & prends un ton plus sérieux.
Mais par où commencer ?... O disgrace effroyable (2)
    Qui fut pour moi d'un éternel chagrin
      La source presque intarissable !
    Ah, prête-moi ton pinceau, tendre Hymen,
    Pour en tracer la funeste peinture !
Je suivois tout pensif ma route à l'aventure,
    Triste & rêveur, sans parler, & ma main
Sur mon coursier laissoit flotter la bride.
    Conduite alors par son fatal destin,
Aglaé qui, jadis effrayée & timide,
N'eût pas osé sans moi suivre le grand chemin,
Dans ce moment, hélas ! valeureuse, intrépide,
Voulut passer devant & nous servir de guide.
Bientôt pour éviter, me dit-elle, un ravin,

(1) L'auteur n'avoit eu dessein que d'écrire les aventures de son voyage jusqu'à Rouen. Mais ayant poussé jusqu'à douze lieues au-dessus de Rouen, il n'a pu s'empêcher d'exprimer sa gratitude pour l'accueil favorable qu'il a reçu de M*** au-dessus de Pontaudemer.
(2) Chûte de la femme de l'auteur.

Ou plutôt le defir de manger une pomme,
Le même qui perdit, hélas! le premier homme,
L'engagea de paffer fous des arbres fruitiers.
  J'eus beau lui crier : prenez garde,
  Ne paffez pas fous les pommiers :
 Si par hafard quelque branche bâtarde...
A peine j'ai parlé qu'auffi-tôt je la voi
  Du haut en bas faire la culebute.
Je vole à fon fecours, pâle & tremblant d'effroi,
  Craignant que cette horrible chûte
D'un trop funefte coup n'eût bleffé fon beau corps.
  O dieux! quels furent mes tranfports,
  Lorfque fes yeux baignés de larmes
Semblerent m'annoncer un fatal accident!
  Pour diffiper mes mortelles alarmes,
  De tous côtés je palpe dextrement,
  Et je découvre enfin qu'heureufement
 Son feul genou, fupport de mille charmes,
  Avoit reçu quelque contufion.
Mes maritales mains ont bientôt, fans vergogne,
  Relevé jupe & cotillon :
  Puis avec force eau de Cologne
Je baffine le tout, & par un doux baifer,
A propos appliqué fur fes levres de rofe,
  J'acheve de la foulager,
Sur-tout lui promettant pour le foir autre chofe.
  Alors aux alarmes, aux cris,
  Nous vîmes fuccéder les ris.
 Mais à part moi je n'eus pas moins la crainte
Que ce malheureux faut n'eût porté quelqu'atteinte
Au fruit qui, par le fait du tendre & chafte hymen,

Depuis deux mois se trouvoit dans son sein.
   Mais par bonheur dame Lucine
   De sa faveur nous honora ;
   Partant il n'en résultera ,
J'espere , rien qui nous chagrine.
Quoi qu'il en soit , tout étant disposé ,
Et le mal même étant presqu'appaisé ,
Sur son cheval de nouveau je la grimpe ,
Invoquant *in petto* tous les dieux de l'olympe ,
Pour que de malencontre ils daignent la garder.
Ils voulurent sans doute en pitié regarder
  Mes tendres vœux , car nous fîmes le reste
Du chemin , sans aucun événement funeste :
   N'étoit qu'ayant au petit trot
  Joint le village , ou bien l'hôtellerie ,
Que l'on nomme , je crois , la Chapelle-Bretot ,
  Pour nos péchés il nous prit fantaisie
   D'y rafraichir. Nous descendons.
Aussi-tôt près de nous servantes & garçons ,
Sans doute nous prenant pour des gens d'importance ,
  S'empressent , & leurs avides regards ,
  Mainte courbette & mainte révérence
Expriment leur surprise autant que leurs égards.
  Monsieur , entrez , nous dit-on , dans la salle.
On peut bien lui donner , dis-je tout bas , ce nom ;
Car jamais , à mon sens , on ne vit taudion
  Plus dégoûtant , plus malpropre & plus sale.
  La bonne , dis-je , à Nannette ou Fanchon ,
Allumez-nous du feu. Monsieur , me répond-elle ,
   Nous n'avons point ici de bois.
   — Comment ? vous plaisantez , je crois.

Quoi, vous n'avez ni fagot, ni javelle ?
Et quel est donc le bois dont on se sert
　　Pour faire bouillir la marmite ?
　　— Nous ne brûlons que du bois vert.
— En ce cas-là jamais le pot ne va trop vîte.
Allons, s'il est ainsi, mettez cuire six œufs.
Des frais, s'entend. — Des frais ? Oh, Monsieur rit, je pense ;
Nous n'en avons point d'autre que des vieux.
— Hé morbleu, mettez-les tels quels en diligence.
Maître un tel, dis-je, au maître du bouchon,
Apportez-moi du vin, un demi-on (1).
　　— Du vin ? Monsieux, j'en vendons d'ordinaire,
Mais à présent je n'avons pour boisson
　　Que du gros cidre. — Allez vous faire faire,
Avec votre gros cidre. Avez-vous du nouveau ?
　　— Non, pas encore. — Apportez-nous de l'eau ;
　　Elle ne doit pas être rare :
Vous en aurez peut-être. — Excusez-moi, Monsieux.
　　Nous n'avons que de l'eau de marre,
　　Et le tems est si pluvieux,
　　Qu'elle est encor toute bourbeuse.
　　Oh, m'écriai-je, furieux,
　　Que notre chance est malheureuse !
　　Est-il un sort plus rigoureux ?
Quoi ! l'on ne peut, sur une grande route,
　　Avoir ni bois, ni feu, ni vin,
　　Pas même d'eau, quoi qu'il en coûte (2) !

---

(1) Mesure de Normandie, le demi-septier de Paris.
(2) On n'a rien exagéré, & s'il se trouvoit quelqu'incrédule, on l'invite à passer à la Chapelle-Bretot, pour se convaincre de la vérité de l'assertion.

PAR LES BATELETS. *Chant III.*

Vous, triftes voyageurs, fi jamais le deftin
  Vous conduifoit fur ce chemin,
Gardez-vous d'arrêter dans cette hôtellerie,
  A moins qu'il ne vous prenne envie
D'y mourir & de froid, & de foif, & de faim.
  Ami lecteur, tu t'imagines bien
   Qu'hebergé de cette maniere
   Je n'y fis pas force pouffiere.

Mais bientôt, écartant tout fouvenir amer,
  Nous découvrons le grand Ponteaudemer;
   Ponteaudemer, dont la mémoire
Va fe voir à jamais confacrer dans l'hiftoire.
  Comme en ce lieu j'étois fort étranger,
   Nous fûmes defcendre à l'image
   De Saint-Chriftophe ou Saint-Leger.
A peine étois-je à table, en train de bien manger,
  Que l'hôte, affez cauftique perfonnage,
De l'hiftoire du jour vint pour nous régaler,
  Et me tenir à peu près ce langage :
  « Monfieur, avez-vous entendu parler
  » D'une aventure affez plaifante (1)
» Qui dans tout le canton a fait beaucoup de bruit,
» Et qui même devient une affaire importante » ?
  Non, répondis-je, on ne m'en a rien dit :
Mais fi vous me voulez rendre l'ame contente,
  Vous m'en aurez bientôt inftruit.
  —Très-volontiers. Auffi-tôt il pourfuit :
« Naguere d'un greffier le clerc, très-malin drôle,

---

(1) Ce n'eft point une hiftoire faite à plaifir ; le fait eft exact & eft devenu la matiere d'un grand procès, qui fe pourfuit très-chaudement à Ponteaudemer.

» Par gentilleſſe ou récréation,
» Prit plaiſir un beau jour à parcourir le rôle
» Où ſont inſcrits les noms, ſurnoms, condition
» De ceux qu'on fait payer la capitation.
» Pour remplir ſans péril ſon projet téméraire,
» Il ſut s'aſſocier madame la greffiere,
» Et lui fit part, dit-on, du deſſein qu'il avoit
» De mettre une apoſtille ou lettre initiale
» Après le nom de tous ceux qu'il ſavoit
» Avoir été trahis par la foi conjugale.
» Soit paſſe-tems, ſoit vengeance & dépit,
» Sans réfléchir à l'énorme ſcandale
» Qui devoit réſulter, la greffiere applaudit.
» Adonc mon clerc tirant le regiſtre du greffe,
» Lit tous les noms, & d'un zele empreſſé
» A l'un il met un B, pour cet autre un J. F;
» Celui-ci d'un très-large C
» Eſt noté; celui-là d'une M,
» Et vingt ou trente autres de même.
» Oh, ce dit la greffiere, il faut me mettre un P
» A celle-ci; vous vous êtes trompé
» En ne mettant qu'un C : mettez-en un ſemblable
» A madame une telle, elle eſt ſi charitable!
» A celle-là mettez donc un grand G.
» Bon. Reliſons : le tout eſt-il bien arrangé?
» Mettez encore un B pour cette grande ſotte;
» Car ce n'eſt, entre nous, qu'une franche bigotte.
» Ma commere Babet n'aura-t-elle donc rien?
» Mettez un B pour elle : elle eſt trop babillarde.
» Mettez en un de même à cette autre bavarde.
» Il ſuffit; tout ainſi va bien.

» Ceci fait, le regiſtre au greffe ſe dépoſe.
   » Quelque tems après un Elu,
   » Sans doute cherchant autre choſe,
» Par aventure ouvrit ce calepin, & lut
   » A chaque nom ces apoſtilles,
   » Et ces épithetes gentilles.
» Par lui bientôt le bruit dans la ville en courut.
» Chacun par intérêt, ou bien par gaufferie,
   » De tous côtés pour le lire accourut.
» Jugez de la fureur de qui s'y reconnut;
» Comment chaque léſé prit la plaiſanterie.
» Mais jugez du plaiſir de qui s'y vit obmis.
» Certaine femme entr'autre, à qui la conſcience
» Sans doute de vertu reprochoit quelqu'abſence,
» Vint pour voir ſi parmi tous ces pauvres maris
» Le ſien tout des premiers n'a pas été compris.
   » Dieu ſoit béni, dit-elle très-contente,
      » Ne voyant pas ſon nom inſcrit :
» Oh, je le ſavois bien ; perſonne ne nous vit ;
      » Il faut toujours être prudente.
» Cependant on s'écrie : haro ſur le baudet.
      » Trois ſur-tout des cocqs de la ville
» Crierent le plus haut, & s'échauffant la bile,
      » Jurerent d'éclaircir le fait,
   » Et de tirer la vengeance complette
      » De cette action indiſcrette.
» Sur le champ on rend plainte, on informe, on décrete;
» Le greffier ſur ſon clerc rejette le paquet,
» Le clerc ſur la greffiere, & celle-ci s'en tire,
      » En diſant qu'ils ont voulu rire ».
Rire eſt très-bon, dis-je au beau raconteur;

Mais vérité toujours n'étant pas bonne à dire,
Même en riant, je crains fort pour l'auteur,
 Que cette aventure comique
A son individu ne devienne tragique;
 Car rarement dame Justice rit.
 Au reste, il eût été beaucoup plus sage
De regarder le cas comme un pur badinage;
 D'autant mieux que Moliere a toujours dit,
  Que jamais messer cocuage
  N'a gâté taille ni visage:
Ou bien il suffisoit de vingt coups de bâton
Sur le dos du plaisant, & c'eût été sans doute
Pour punir son méfait la meilleure leçon.
 Disant cela, nous nous mettons en route.
Le soir à M*** enfin nous arrivons,
Ventés, mouillés, crotés de la bonne maniere;
 Mais tous nos maux bientôt nous oublions,
 Par la façon honnête & débonnaire
  Dont la patronne nous reçut.
  Ce fut-là le terme & le but
  De notre grotesque voyage.
C'est aussi là que je terminerai
  Mon babil & mon griffonnage.
  Mais auparavant je rendrai
  Un hommage, un tribut sacré
  A cette patronne adorable
  Dont toujours je conserverai
  Le souvenir inaltérable.
J'ignore cependant si j'y réussirai;
 Je crains que ma main ne s'égare:
Pour peindre dignement un mérite aussi rare,

Où pourrai-je trouver d'assez vives couleurs?
Ah! je les prendrai dans les cœurs
De mille infortunés, dont sa main bienfaisante
A changé mille fois les destins rigoureux.
J'invoquerai l'ame reconnoissante,
Les tendres sentimens de ses vassaux heureux.
J'entends l'un s'écrier : peins-la compatissante,
Sensible, généreuse, humaine & complaisante;
L'autre : peins-la n'ayant pas d'autres soins
Que de se rendre à tous utile & nécessaire,
De prévenir de tous les plus pressans besoins :
Peignez-la tendre amie, & sur-tout tendre mere.
Enfin, que dirai-je de plus?
Chacun pour ses vertus la chérit & l'adore,
Et seule dans le monde il semble qu'elle ignore
Qu'à ses vertus on rend les plus justes tributs.
Vous vous joignez à moi, pasteurs irréprochables,
De ses dons généreux ministres respectables.
Déja pour la louer vous m'avez prévenus.
Combien de fois ne vous ai-je pas vus,
A son nom seul, en parlant d'elle,
A peine retenir les pleurs du sentiment?
J'ai sur-tout distingué ton amour & ton zele,
O toi, sensible La P***
Et toi, de B***, ô patron trop charmant,
Dont l'ingénieuse folie
Nous a fait rire si souvent
Des traits facétieux de la basse Italie (1)!

Mais quel est donc ce guerrier généreux?

(1) Sobriquet que donnent à la basse-Normandie les habitans de la haute.

A sa démarche fiere, à son air magnanime,
On le croiroit issu du sang des demi-dieux.
Ah ! dans ce noble feu qui l'agite & l'anime,
 Reconnoissons les vertus & les traits,
 Le fils charmant d'une mere adorable.
 S'il réunit les graces, les attraits
  A cette politesse aimable
Qui distingue par-tout les officiers Français,
Il a des conquérans la valeur redoutable.
De la gloire à grands pas parcourant les sentiers,
Egalant à trente ans les plus fameux guerriers,
Pere de ses soldats, tendre, humain, charitable,
 En vrai Français esclave de l'honneur,
Aussi brave au combat que sage dans l'attaque :
Sous les yeux de Pallas ce nouveau Télémaque
Sera du trône un jour l'illustre défenseur,
Et.... mais, Muse, tout beau, la trompette guerriere
 Ne vous sied point : laissez à Despréaux,
  Laissez à l'immortel Voltaire
  Le soin de chanter les héros.

F I N.

www.ingramcontent.com/pod-product-compliance
Lightning Source LLC
Chambersburg PA
CBHW060707050426
42451CB00010B/1321